AF590482

Cartonnage

# SOLFÈGES DE CONCOURS

## des Écoles communales

## DE LA VILLE DE PARIS

— 1890 —

PAR

## A. DANHAUSER


Professeur au Conservatoire National de Musique
Inspecteur principal de l'Enseignement du Chant
Chevalier de la Légion d'Honneur
Officier de l'Instruction publique.

50$^c$ net.


Paris, LEMOINE & FILS, Éditeurs, rue Pigalle 17. | Librairie HACHETTE & C$^{ie}$ Boulv. St Germain, 79.

1890

Andantino.
1
mf
Rall.
1° Tempo.

Lento.
2
p
Moderato.
mf
3
3

Andantino.
3
mf

Moderato.
4
p
mf
p

Moderato.
5
mf
f
mf
p
Un poco cresc.

Moderato.
6
mf
Cresc.

Moderato.
7
mf

Andantino.
8
p
mf

Allegro.
9
mf

Andantino.
10
p
Bien chanté.
f

Allegretto.
11
mf

Moderato.
12
mf

Andantino.

13

Allegretto.
14
mf
Tempo giusto.

All° moderato.
15
mf
3
3
3
3

All° vivace.

Moderato.
17
p
mf

Moderato.
18
mf

Allegro.
19
mf
p
Cre - - scen - - do.
mf

Moderato.
20
mf

Quel est le demi-ton chromatique ascendant et descendant de la note *ré*?

Quelles sont les notes modales du ton de *mi* mineur et celles du ton de *mi* majeur?

Quelle est la mesure simple de la mesure à $\frac{9}{16}$ ?

En quelle gamme peut on trouver les notes *mi*, *do* dièse et *si* bémol ?

Quelles sont les notes tonales du ton de *sol* majeur ?

Quel intervalle y a-t-il entre les notes *ré* et *si* et quel est sa composition?

Une mesure à $\frac{9}{8}$ commence par une noire, une croche et quatre double croches, combien faut-il de croche pour la compléter?

Quelles sont les notes formant le second tétracorde de la gamme de *mi* majeur?

Quel intervalle y a-t-il entre les deux notes modales d'une gamme en commençant par la médiante? Quel en est sa composition et son renversement?

Une mesure à ¢ commence par une blanche pointée combien faut-il de double croches pour la compléter?

Combien faut-il de double croches en triolets pour une blanche deux fois pointée?

Un morceau en *ré* majeur doit être tranposé une tierce mineure au-dessous. En quel ton sera-t-il?

En quel ton majeur peut-on trouver *sol* ♯ et *ré* ♯ comme notes modales et quelle est la dominante de ce ton?

Une mesure à $\frac{9}{8}$ commence par une blanche pointée par quels silences faudrait-il la compléter?

En quel ton y a-t-il cinq bémols à la clef et quel est son ton enharmonique?

Comment chiffrerait on une mesure à cinq temps ayant une blanche pointée par temps?

Paris, Imp. A. Chaimbaud et Cie. Rue de La Tour-d'Auvergne, 18

# TOUS LES OUVRAGES

*Indiqués ci-dessous sont inscrits sur la liste des Ouvrages fournis gratuitement par la Ville de Paris à ses Écoles communales.*

**Exercices de Lecture Musicale.** Recueil des Solfèges composés spécialement pour les concours annuels des écoles communales; par François BAZIN, membre de l'Institut, officier de la Légion d'honneur. Un volume. Prix net . . 1 80

— Cartonné, en sus. . . . . . . . . . . . . . . . . . . . . . . . » 25

**Nouveaux Exercices de Lecture Musicale.** Recueil de Solfèges composés spécialement pour les concours annuels des écoles communales; par A. DANHAUSER. Un volume. Prix net . . . . . . . . . . . 1 50

— Cartonné, en sus . . . . . . . . . . . . . . . . . . . . . . . » 25

**Théorie de la Musique**, par A. DANHAUSER. Ouvrage adopté pour l'enseignement au Conservatoire National de Musique. Un volume. Prix net. 4 »

— Cartonné, en sus . . . . . . . . . . . . . . . . . . . . . . . » 30

**Questionnaire**, *appendice de la Théorie de la Musique*, par A. DANHAUSER. Prix net. . . . . . . . . . . . . . . . . . . . . . . . . » 50

**Abrégé de la Théorie de la Musique**, par A. DANHAUSER. Prix net. . . . » 50

— Cartonné, en sus. . . . . . . . . . . . . . . . . . . . . . . . » 20

**Les Matinées Orphéoniques.** Douze chœurs à trois voix égales ; par A. DANHAUSER. Prix net. . . . . . . . . . . . . . . . . . . . 3 »

— Chaque chœur séparé — édition populaire — prix net. . . . . . . . . » 20

**Chœurs d'enfants,** à 2, 3 et 4 voix, composés ou transcrits par A. DANHAUSER. Deux volumes contenant chacun 20 chœurs. Chaque volume, prix net. . . . . . . . . . . . . . . . . . . . . . . . . . . . 3

— Chaque chœur séparé — édition populaire — prix net. . . . » 20 et » [illegible]

**Chants pour les Écoles.** Recueil de petits chants à une voix, composés ou choisis par A. DANHAUSER ; en dix cahiers. Chaque cahier, prix net. » 40

— Les 81 chants réunis en un seul volume, prix net. . . . . . . . . . . 3 50

— Cartonné, en sus . . . . . . . . . . . . . . . . . . . . . . . . . . . . » 30

*Les mêmes chants avec accompagnement de piano.* Chaque cahier, in-8°, prix net. . . . . . . . . . . . . . . . . . . . . . . . . . . . . . 1 50

— Les 81 chants en un volume in-8°, prix net. . . . . . . . . . . . . 10 »

— Cartonné, en sus . . . . . . . . . . . . . . . . . . . . . . . . . . . . » 50

**Chants pour les Écoles.** Recueil de petits chants à deux voix, composés ou choisis par A. DANHAUSER. Prix net. . . . . . . . . . . . . . . 1 50

**Chants pour les Écoles maternelles et les Classes élémentaires.** Recueil de petits chants très faciles à une voix, composés ou choisis par A. DANHAUSER. Prix net. . . . . . . . . . . . . . . . . . . . 1 00

www.ingramcontent.com/pod-product-compliance
Ingram Content Group UK Ltd.
Pitfield, Milton Keynes, MK11 3LW, UK
UKHW022142260726
13993UKWH00005B/2093